Dedicado a todos los que desean vivir su mejor vida

Primera edición.

Ninguna parte de este documento podrá ser reproducida, guardada o transmitida por medios electrónicos, mecánicos o fotocopias sin la autorización de la autora.

Ley N° 15 De 8 de agosto de 1994 Por la cual se aprueba la Ley sobre el Derecho de Autor y Derechos Conexos y se dictan otras disposiciones.

República de Panamá

ISBB 978-1-257-92259-8

Índice

Lección #1	5
Lección #2	13
Lección #3	23
Lección #4	29
Lección #5	33
Lección #6	39
Lección #7	45
Lección #8	51
Lección #9	57
Lección #10	65

Lección #1

Cambia tu forma de pensar

Si estás leyendo estas lecciones, lo más probable es que tengas ciertos problemas económicos. Te tengo buenas noticias: si empiezas a controlar tu mente y eliminas los pensamientos de derrota e insuficiencia verás resultados casi inmediatos.

¿A qué me refiero? Pues la Biblia dice en Proverbios 23:7 que *"tal cual piensa el hombre en su corazón, así es"*. Dicho de otra manera, eres todo lo que piensas que eres. Déjame ser más clara: la opinión que tú tienes de tus finanzas puede mejorar o empeorar tu situación.

Mucha gente piensa que es bueno decir que se es pobre. Piensan que es una señal de humildad así que hacen comentarios como: "nosotros los pobres" o "cuando uno es pobre". O cuando hablan de los hijos se refieren a ellos como "los herederos de las deudas" o dicen: "lo único que puedo darle a mi hijo es una buena educación". ¿Entiendes mi punto? Si sigues diciendo que eres pobre lo serás. Entonces lo primero que tienes que hacer es cambiar la definición financiera que te has otorgado. ¿Por qué? Porque la pobreza nunca ha sido ni será el plan de Dios para nadie.

Si nos vamos al jardín del Edén encontramos que antes de crear a Adán y Eva, Dios ya había preparado un lugar de abundancia para ellos. De hecho la palabra Edén significa paraíso, abundancia, lujo. O sea que Dios creó a la primera pareja y los puso a vivir en un paraíso de lujo y abundancia. La pobreza, entonces, vino como consecuencia del pecado. Por lo tanto no debemos aceptarla ni tolerarla. Ahora, no me malinterpretes. No estoy diciendo que los pobres son malos. Estoy diciendo que la pobreza no es el plan de Dios. Así que no tiene sentido definirte en esos términos.

Los estudios han mostrado que la mayor parte de nuestros pensamientos son negativos y redundantes. Tomemos como ejemplo cuando se va al supermercado. La costumbre es mirar los precios y alterarse con pensamientos como: "todo está caro", "no me alcanza la plata", "no puedo comprar lo que me gusta". Y te pregunto, ¿Cómo te hacen sentir esos pensamientos? Lo más probable es que frustrado. Pues entonces no tiene sentido seguir metiéndole el dedo a la llaga. Te propongo que la próxima vez que vayas al súper no permitas que salga de tu boca ninguna palabra negativa acerca del precio de la comida. Si no te alcanza para comprar algo, entonces calmadamente di: "lo compraré la próxima vez que venga".

Si de verdad quieres vivir en abundancia entonces es hora de renovar tu mente--cambiar tu forma de pensar, cambiar tus paradigmas. Si logras cambiar tu forma de pensar, automáticamente cambiarás tu forma de hablar. Proverbios 18:21 dice que *La muerte y la vida están en el poder de la lengua.*

Esto quiere decir que con lo que sale de tu boca puedes crear o destruir. Si quieres ver cambios en tu vida, cambia tu forma de pensar y tu forma de hablar. Apártate de conversaciones de queja y negativismo. No permitas que nada negativo acerca de tu situación económica salga de tu boca.

Juan 1:2 dice *Amado, yo deseo que tú seas prosperado en todas las cosas, y que tengas salud, así como prospera tu alma.* ¿Qué es mi alma? El asiento de mis emociones y pensamientos. El versículo dice que a medida que prosperan mis pensamientos y emociones, yo seré próspero en todas las cosas. Quiere decir que para prosperar, para lograr la abundancia, yo necesito cambiar mi forma de pensar.

¿Cómo se logra esto? Te daré 6 ideas:

1. Erradica de tu mente la idea de que el dinero es malo. Mucha gente malinterpreta lo que dice la biblia en 1 Timoteo 6:10: el **amor** al dinero es la raíz de todo mal. No dice que el dinero es la raíz de todo mal. ¿Qué haríamos sin dinero? Si lees el versículo entero te darás cuenta de por qué dice esto:

Porque raíz de todos los males es el amor al dinero, el cual codiciando algunos, se extraviaron de la fe, y fueron traspasados de muchos dolores.

En otras palabras, si tú amas más al dinero que a las personas, vas a perder el camino y vas a correr el riesgo de herir a las personas que te aman. Aprende a amar a las personas y usar el dinero y no al revés. Cuando una persona está dispuesta a hacer lo que sea para conseguir dinero, entonces abre la puerta para el sufrimiento y la maldad-- llámese avaricia, traición, desfalco, tormento, adicción-- la lista es larga.

2. *Entiende que Dios quiere que prosperes*. Deuteronomio 8:18 dice:

Sino acuérdate de Jehová tu Dios, porque él te da el poder para hacer las riquezas, a fin de confirmar su pacto que juró a tus padres, como en este día.

¿Escuchaste eso? A Dios le conviene que tú prosperes porque él hizo un pacto. Los pactos de Dios son eternos e irrevocables. Habrá alguno que dirá que ese pacto fue con el pueblo de Israel, cierto, pero todo el que acepta a Cristo se beneficia de este pacto hecho con Abraham. Gálatas 3:29 dice:

Y si vosotros sois de Cristo, ciertamente linaje de Abraham sois, y herederos según la promesa.

¿Ves? Dios hizo un pacto que te incluye a ti y es un pacto de prosperidad.

3. Entiende que en nada glorifica a Dios que los que son llamados por su nombre estén pasando páramo si él es el dueño de todo. Imagínate un hombre adinerado cuyos hijos andan harapientos y endeudados. ¿Qué es lo primero que pensaríamos? ¡Qué mal padre! ¡Qué egoísta! Pues déjame decirte que esa es la impresión

que le damos a los no cristianos cuando seguimos creyendo que la miseria es parte del plan de Dios.

4. Si todos los cristianos somos pobres, entonces no podemos cumplir con el mandato de ayudar a los pobres. La Biblia dice en 2 Corintios 8:14 que la abundancia nuestra debe suplir la necesidad de los menesterosos.

5. El dinero proporciona influencia. Si realmente queremos impactar al mundo, si queremos erradicar la pornografía, erradicar el tráfico de personas, mejorar la programación en la radio y televisión local y corregir otro montón de males, necesitamos ser personas de influencia. Ahorita en nuestro mundo, los que tienen dinero son los que mandan. Si quieres ver cambios en las legislaciones no basta pararse afuera con una pancarta y obstaculizar el tráfico. Lo que tienes que hacer es darle poder a tu voz y eso lo logras teniendo dinero.

6. Constantemente decimos "Dios te bendiga", es casi automático. ¿Cuán a menudo nos detenemos para entender lo que realmente significa ser bendecido por Dios? Proverbios 10:22 dice que *La bendición de Jehová es la que enriquece, Y no añade tristeza con ella*. Tienes que creer que tus riquezas vienen de Dios, y tienes que empezar a alinear tus pensamientos y tus palabras con lo que dice la palabra de Dios. La bendición de Dios es el favor de Dios sobre el individuo. Nadie puede obstaculizar estas bendiciones—sólo tú. Es decir, la única persona que puede evitar que tú recibas de Dios eres tú. Entonces te conviene cambiar tu forma de pensar. Te conviene cambiar tus paradigmas. El favor de Dios ya ha sido declarado sobre ti. Te toca abrir las puertas, es decir tu mente, y recibir.

Tarea:

Lee 2 de Corintios 8:9 y escribe lo que este versículo significa en tu vida.

Lección #2

Da sin esperar nada a cambio

No me refiero a que vas a empezar a dar en cuanto tu situación mejore. Vas a empezar a dar ahora. Suena contradictorio, ¿verdad? Te debes estar preguntando ¿cómo voy a dar si no tengo para mí? Pues, por eso estás escuchando estas lecciones. Lo que has estado haciendo hasta ahora no te ha funcionado, ¿Cierto? Einstein dijo que locura es continuar haciendo lo mismo de siempre y esperar resultados diferentes. Esto que te propongo es un paso absolutamente necesario para que empieces a vivir en abundancia. En esta lección te voy a explicar por qué debes dar y a quién le debes dar. Cuánto debes dar es una decisión que tú tienes que tomar.

Déjame contarte una historia: En cierto lugar hubo una sequía que provocó escases de alimento. Un hombre de Dios se le acercó a una viuda y le pidió que le preparara algo para comer. La mujer le contestó que ella sólo tenía un poquito de harina y aceite que pensaba usar para preparar un último bocado para ella y su hijo. El hombre le dijo a la mujer que primero le preparara comida a él y después, con lo que sobraba, preparara para ella y su hijo.

Si analizamos esta historia hasta aquí, pareciera que este hombre era egoísta, prepotente y grosero. La mujer le explicó que no tenía nada para ofrecerle y aun así él insistió en que se le diera de comer. Pero veamos qué sucedió al final. La mujer atendió primero al hombre de Dios y luego pudo preparar alimento para ella y su hijo durante el resto de la sequía. Nunca le faltó.

Ahora, sé que muchos estarán pensando que esta historia es una fábula y que en la vida real no sucede de esta manera. Pues estás equivocado porque la historia está registrada en la biblia en el libro de 2 Reyes. Además me atrevo a decir que tú conoces a alguna persona que ya ha comprobado que cuando uno da, uno recibe.

Lucas 6:38. Dice:

Dad, y se os dará; medida buena, apretada, remecida y rebosando darán en vuestro regazo; porque con la misma medida con que medís, os volverán a medir.

Cuando das puedes abrir una puerta grande, una ventana mediana o un agujero pequeño. Lo que recibes a cambio depende de cuán grande fue el orificio por el cual diste. Por lo tanto si quieres mucho, debes dar mucho. Algo que me llama la atención de este versículo es que dice que "darán en vuestro regazo". No dice que Dios dará sino que darán. Este mismo versículo en inglés especifica que darán los hombres en vuestro regazo. ¿Sabes por qué el versículo aclara esto? Porque generalmente cuando la gente escucha que Dios recompensará, piensan en "aquel porvenir más allá del sol". Aquí no hay forma de malinterpretar. Tu recompensa es ahora y es tangible.

Encontramos palabras similares en 2Corintios 9:6.

Pero esto digo: El que siembra escasamente, también segará escasamente; y el que siembra generosamente, generosamente también segará.

Revisemos otro versículo. Proverbios 11:25 dice:

El alma generosa será prosperada; Y el que saciare, él también será saciado.

Estos tres versículos dicen lo mismo: Si tú quieres alcanzar la libertad financiera tienes que aprender a dar. Tu prosperidad depende de cuán dispuesto estás a dar. Este principio va totalmente en contra de lo que dice la sociedad. Cuando hay problemas económicos, lo primero que hacemos es disminuir los gastos y casi siempre el primer rubro en nuestro presupuesto que se ve afectado es el de las donaciones. ¡Debería ser todo lo contrario! Cuando vienen tiempos económicos difíciles es cuando más tenemos que dar porque sólo así aseguraremos que nuestra despensa no quede vacía.

Sé que muchos dirán, pues yo siempre doy y no recibo nada a cambio. Hay ciertos detallitos que necesitas saber.

- Primero, hablemos de la actitud. 2 Corintios 9:7 nos da buen consejo: *Cada uno dé como propuso en su corazón: no con tristeza, ni por necesidad, porque Dios ama al dador alegre.* Aquí hay tres detalles importantes. Primero, tú tienes que presupuestar lo que vas a dar. Claro, que esto no significa que si aparece una necesidad ajena repentina uno va a decir "bueno esto no lo presupuesté así que no puedo dar". Lo que significa es que tienes que convertirte en un donador, un donante. Un donador es una persona que da periódicamente, no esporádicamente. Un donador se programa para dar ya sea cada semana o cada quincena o cada mes, dependiendo de su capacidad. No puede llegar una quincena y pasó algo y decides que vas a dejar de dar para atender el imprevisto.

El segundo detalle en 2 Corintios 9:7 es que no recibes beneficio si das de mala gana. Dios ama al dador alegre. ¿Qué significa ser un dador alegre? Significa que no das obligado ni a regaña-dientes, sino que das en paz y por amor.

Y el tercer detalle al que debes prestar atención con respecto a 2 Corintios 9:7 es que no vas a empezar a dar simplemente porque quieres algo a cambio. Tienes que asegurarte de que estás dando porque te nace. Ahora, esto no significa que puedes esconderte detrás de la excusa de que no te nace y entonces no das, porque recuerda que tú lo que quieres es lograr libertad financiera y este es un paso fundamental. Si no te nace dar lo que tienes que hacer es renovar tu forma de pensar tal como dijimos en la primera lección. Renueva tu mente hasta que puedas simpatizar con el dolor de los más necesitados.

Deuteronomio 15:11 dice: *Porque no faltarán menesterosos en medio de la tierra; por eso yo te mando, diciendo: Abrirás tu mano a tu hermano, al pobre y al menesteroso en tu tierra.*

Entonces, la actitud con la que das es sumamente importante. Toma práctica, pero tú puedes empezar a dar por amor.

- En segundo lugar es importante a dónde das y a quién le das. Dar dinero en la iglesia no es lo mismo que dar dinero a los necesitados. Muchas personas se reúsan a dar en las iglesias porque dicen que el pastor se enriquece.

Pero Gálatas 6:6 dice que *El que es enseñado en la palabra, haga partícipe de toda cosa buena al que lo instruye.*

En otras palabras, es tu deber dar al que te instruye en la palabra o al que te inspira. Si dices que no estás recibiendo ni inspiración, ni instrucción, ni alimento espiritual en tu iglesia, ¿pues por qué sigues yendo? Lamentablemente muchos cristianos tienen el mal hábito de permanecer en una congregación que no inspira porque sus abuelos fueron los fundadores o porque sus amigos están allí. La iglesia no puede ser un club social o un lugar de reuniones, es el lugar en donde uno es instruido en la palabra. Hay miles de iglesias en este país, escoge otra.

Déjame decirte por qué esto es tan importante. Hablemos del diezmo tal cual se menciona en Malaquías 3. Según el versículo 10 debes llevar el diezmo para que haya alimento en la casa de Dios. La iglesia en donde diezmas debe proveer alimento espiritual, si no, el resto del versículo no se aplica. Fíjate bien lo que dice:

Traed todos los diezmos al alfolí y haya alimento en mi casa; y probadme ahora en esto, dice Jehová de los ejércitos, si no os abriré las ventanas de los cielos, y derramaré sobre vosotros bendición hasta que sobreabunde.

El proceso es el siguiente:

Traes tu diezmo—>la casa es provista de alimento—>Dios derrama bendiciones.

Esto significa que no se diezma por diezmar. No puede ser ni por obligación, ni para asegurar la membrecía. Esos motivos no abren las ventanas del cielo.

Por eso es importante que si vas a dar tus donaciones o diezmos a alguna organización o institución, debes asegurarte de que sea una organización que alimente e inspire. La organización que recibe tu dinero debe estar cumpliendo con sus objetivos sean cuales fueren.

Ahora, el hecho de que estás diezmando o donando a organizaciones no te exime de tu deber social de ayudar a los necesitados. Recuerda, mientras más das, más recibes. Ya leímos eso en la biblia. Tampoco quiere decir que vas a repartir tu dinero al azar. Mira lo que está ocurriendo a tu alrededor y asegúrate de abrir tu corazón y tu mano para dar sin esperar nada a cambio.

- En tercer lugar necesitas empezar a prestar atención. Generalmente andamos tan entretenidos con nuestras propias situaciones que las oportunidades llegan y no las aprovechamos. Hay infinidad de historias reales de personas que tuvieron una idea pero parpadearon y otra persona sí actuó y fue grandemente beneficiada. Al tomar la decisión de abrir tu mano para dar, estarás abriendo puertas de oportunidad. Estas vendrán en forma de ideas de negocio, ideas para inventos lucrativos, un ascenso en el trabajo, un aumento… existen muchas posibilidades. Tienes que actuar de inmediato y aprovechar la situación. Entiende que es un regalo-- una bendición que has recibido a cambio de lo que has dado. Acéptalo y disfrútalo.

Ya tienes los dos primeros pasos: cambia tu forma de pensar y empieza a dar de corazón.

Tareas

Lee los capítulos 8 y 9 de 2 de Corintios. Encuentra 3 promesas más en cuanto a la generosidad.

Lección #3

Paga lo que debes

Pese a lo que hayas escuchado, endeudarse no es normal y no es aceptable. El exceso de deudas es indicativo de un problema a nivel psíquico. Es posible que hayas pensado que todo se resolvería si ganaras más, y quizás hasta buscaste un segundo empleo para poder cumplir con los compromisos económicos que has adquirido. Pero lo cierto es que cuánto ganas es irrelevante. Lo que realmente importa es lo que estás haciendo con ese dinero Y si estás gastando más de lo que ganas, es hora de hacer cambios.

Primero hablemos de lo que sucede cuando no pagas tus deudas. La biblia usa palabras bastante fuertes el Salmo 37:21 dice:

El impío toma prestado, y no paga...

Algunas personas piensan que no es importante pagarles a amigos y familiares cuando se les debe dinero. Así que van de persona en persona pidiendo prestado y luego evadiéndolos o escondiéndose para no tener que pagar. Esta actitud cierra puertas porque llegará un momento en que ya no tendrás a quién pedirle. Pierdes credibilidad, actúas con deshonestidad y lo más triste es que esta actitud obstaculiza la abundancia.

Para convencer a una persona para que te prestara dinero, lo más probable es que prometiste pagarle en la quincena. Pero un simple cálculo matemático te puede indicar que es poco probable que logres pagar lo que debes. Si no te alcanzó tu salario normal para tus gastos regulares, es improbable que te sobre para pagar una deuda improvisada. La próxima vez no podrás acercarte a esa misma persona para pedirle prestado porque ya no te cree. Te volviste deshonesto porque sin querer mentiste. Por supuesto nunca fue tu intención quedar mal.

Según Proverbios 22:7... *el que toma prestado es siervo del que presta.*

Nunca fue el propósito de Dios que los que dicen llamarse por su nombre vivieran como esclavos de otros. Las deudas conducen a sentimientos de frustración, desesperación, desesperanza y hasta depresión. Creo que no es necesario detallarte todas las consecuencias de la depresión. Dios, en su sabiduría vio esto y por eso claramente indicó que vivir endeudado no es su plan para ti.

¿Qué puedes hacer para librarte de las deudas? Déjame darte algunas ideas:

1. Recuerda que esta situación es pasajera. Pronto saldrás a flote así que tranquilízate.

2. A. Siéntate y haz una lista de todas tus deudas.

    B. Luego ordena la lista desde la deuda más pequeña hasta la más grande. Recuerda que si le debes dinero a algún familiar o amigo o a alguna vendedora informal, debes incluir esto en tu lista. No es necesario incluir aquellas deudas que se te descuentan automáticamente del sueldo.

    C. Para cada deuda determina cuál es el pago mínimo que puedes costear.

3. Asegúrate de hacer un presupuesto familiar y de cumplirlo. Tú eres el jefe de tu dinero. Tú le dices a tu dinero hacia donde debe ir. Tu presupuesto debe incluir los pagos mínimos que estableciste en el paso anterior, imprevistos, donaciones, recreación y por supuesto ahorros.

4. Utiliza un sistema de sobres para ubicar el dinero de cada rubro. De esta manera será más fácil llevar un control y evitarás gastarte la plata improvisadamente.

5. Si te cuesta apegarte al presupuesto te propongo un ejercicio sencillo. Al final de cada día haz una lista detallada de cada centavo que gastaste. Al cabo de una semana tendrás una idea clara de qué está sucediendo con tu dinero. Te lo repito, tú eres el jefe de tu dinero. Tú le dices a tu dinero hacia donde debe ir.

6. Deshazte de las tarjetas de crédito. Yo sé que muchos piensan que las tarjetas de crédito son necesarias, pero en realidad ese es un engaño para mantenerte esclavizado a las deudas. Algunos me han dicho que la tarjeta de crédito es indispensable para emergencias. Quiero decirte que si esta es tu forma de pensar, estas equivocado. <u>Los ahorros</u> son indispensables para las emergencias. Ahora bien, hay personas que hacen muchas compras en línea y necesitan una tarjeta VISA. Para estos casos existe la visa de débito. Es tú dinero, no pagas intereses y solo puedes gastar lo que tú has puesto en la tarjeta. Funciona igual que una tarjeta de débito pero con el respaldo internacional de VISA. Las tarjetas de crédito no son señal de prosperidad. Vivir sin deudas es la señal de prosperidad.

7. Vive según tu realidad. Lamentablemente demasiadas personas viven para impresionar a otros. Muchos se endeudan tratando de aparentar

lo que no son. Revisa con sinceridad tu situación y si notas que estás comprando cosas para competir, necesitas hacer cambios serios en tu forma de pensar. Tu valor no viene de tus posesiones.

Hablemos sobre los ahorros. Los ahorros NO son para gastárselo todo en navidad arreglando la casa y comprando juguetes. Es hora de cambiar este pensamiento. Toda mujer mayor de edad, casada o soltera necesita tener una cuenta personal de ahorros. Todo hombre mayor de edad, casado o soltero necesita tener una cuenta personal de ahorros. Tener una cuenta en pareja es buena idea, pero no reemplaza las cuentas personales. Cuando empieces a llevar un control diario de lo que está sucediendo con tu dinero, encontrarás varios gastos pequeños innecesarios. Me refiero a lo que gastas en la soda, la goma de mascar, la menta, la galleta—ese dinerito suma. Ahórralo.

Cuando aprendas a ser un mejor administrador de poco, podrás ser confiado con mucho.

Lucas 16:10 dice: *El que es fiel en lo muy poco, también en lo más es fiel; y el que en lo muy poco es injusto, también en lo más es injusto.*

Tarea

1. Analiza en qué te gastaste el dinero que debes. Esto te ayudará a encontrar y romper el patrón.

2. Escribe cuáles son tus metas financieras. Es decir, cuánto te propones tener ahorrado de aquí a un año.

3. Ahora escribe detalladamente qué vas a hacer para acumular ese dinero.

Lección #4

Pide ayuda

Cuando digo pedir ayuda no me refiero a pedir prestado. Este paso consiste en buscar orientación de aquellas personas que están capacitadas para ayudarte. El hecho de que estés escuchando estas lecciones ya me dice que has empezado. Pero falta algo más. Los estudios han demostrado que tu situación económica generalmente será parecida a la de las personas más allegadas a ti. Esto quiere decir que impensadamente tenemos la tendencia de rodearnos de personas similares a nosotros aun en el aspecto financiero. Entonces, si los que te rodean están endeudados o con escasos recursos, no están capacitados para ayudarte a salir de esa situación ya que no han logrado hacerlo en sus propias vidas. Sin embargo es precisamente a estas personas a quienes normalmente buscas para consejos financieros.

Te propongo en primer lugar pedirle ayuda a Dios. En la última lección hablaremos de esto más detalladamente. Ya te mostré en la biblia que el plan de Dios es que tú prosperes. En nada glorifica a Dios que los cristianos estemos en aprietos económicos mientras que la industria de la pornografía sigue prosperando.

Muchos cristianos todavía piensan que es un pecado pedirle dinero a Dios, pero van corriendo a pedírselo a la financiera y el banco. Eso no tiene sentido. Si lo que te falta es sabiduría para manejar tus finanzas, pues haz lo que dice Santiago 1:5

Y si alguno de vosotros tiene falta de sabiduría, pídala a Dios, el cual da a todos abundantemente y sin reproche, y le será dada.

Dile a Dios que estás dispuesto a mejorar tus finanzas y que ponga en tu camino personas que te señalen cualquier detalle que no sea cubierto en estas lecciones. Asegúrate de mantener tu mente y tu corazón abiertos para escuchar las instrucciones de Dios.

Lo siguiente que vas a hacer es buscar a alguna persona que ha aprendido a manejar exitosamente su dinero y le pedirás ayuda. Yo sé que puede ser incómodo, pero valdrá la pena si has escogido bien. ¿Qué tipo de persona debes buscar? Debe ser alguien a quien respetas, a quien le esté yendo bien y que esté dispuesto a contarte su historia.

La pregunta que le harás es sencilla. Le vas a preguntar cómo hace para que el dinero le alcance. A la mayoría de las personas le encanta compartir su experiencia y el hecho de que hayas pedido su experticia hará que se sienta honrada. Te aseguro que son pocos los que se negarán a ayudarte. Cuando esta persona empiece a contarte lo que ha hecho para alcanzar la libertad financiera, sé humilde, presta mucha atención y haz preguntas. Escucha con un corazón dispuesto a aprender. Recuerda que esta persona tiene algo que tú necesitas.

Asegúrate de analizar detenidamente la información que has recibido. Retén todo lo que te es útil. Además de conversar con personas que lo han logrado, empieza a observar los hábitos de las personas exitosas. Observa a qué le dedican tiempo, en qué gastan, cuáles son sus pasatiempos y hábitos, qué opinan sobre las cosas habituales de la vida. Tu intensión no es criticar, sino aprender. Nuevamente retén lo útil y descarta lo demás.

Desde ahora en adelante, acostúmbrate a rodearte solo de personas que están interesadas en tu bienestar. Esas relaciones de hipocresía necesitan ser cortadas de raíz y desechadas de tu vida. La biblia tiene mucho que decir acerca de la amistad. Te haría bien revisar algunos versículos. Uno de mis favoritos se encuentra en Proverbios 17:17 y dice:

En todo tiempo ama el amigo, Y es como un hermano en tiempo de angustia.

Un buen amigo estará contigo en las buenas y en las malas y te aceptará tal cual eres. A medida que tu situación económica mejora, te darás cuenta de quiénes realmente son tus amigos. Te lo digo por experiencia propia. Algunos no sabrán cómo lidiar con tu nueva realidad y simplemente se alejarán. Habrá varios que te acusarán de haber cambiado tu forma de ser y usarán eso como excusa para dejar de hablarte. Otros aparecerán de repente para ver qué pueden conseguir de ti. Aprende a diferenciar entre aquellas personas que aman en todo tiempo y aquellas que simplemente aparecen cuando el clima es favorable.

Dios quiere que tú prosperes. Al rodearte de personas que están genuinamente interesadas en tu bienestar, estarás creando un ambiente propicio para recibir la manifestación tangible de las bendiciones de Dios.

Tarea

1. *Lee Juan 10:10. ¿Qué quiso decir Jesús con "vida en abundancia"?*
2. *Basándote en Juan 10:10, cuando hay robo, matanza y destrucción (como terremotos, huracanes, inundaciones, fuegos) ¿quién es responsable?*

Lección #5

Usa tu imaginación

Se ha predicado erróneamente desde muchos púlpitos que la imaginación es una herramienta satánica que hay que amarrar. Es muy cierto que muchos han utilizado su imaginación para hacer fechorías, pero de igual manera, ¿qué sería de nosotros sin los avances científicos y tecnológicos modernos que existen gracias a la imaginación de los inventores?

Vayamos a la biblia a la muy conocida historia de la Torre de Babel en Génesis 11 del 1 al 9. Escucha lo que dijo Dios acerca de ellos en la última parte del versículo 6. Leo de la Nueva Versión Internacional:

... y todo lo que se propongan lo podrán lograr.

Dios creó la imaginación, por eso él sabía que estas personas eran capaces de lograr cualquier cosa que se propusieran. Ese es un don que Dios ha puesto dentro de ti. Lamentablemente la mayoría de las personas tienen miedo a usar su imaginación y esa es una de las razones por la cual no pueden mejorar sus vidas. Dios dijo, refiriéndose a los diseñadores de la torre de Babel, "todo lo que se propongan lo podrán lograr". Dios no dijo, "bueno voy a quitarles esa capacidad". Dijo, "voy a confundirlos." ¿Entiendes? Tú eres libre para crear cosas buenas o cosas malas con tu imaginación siempre y cuando estés dispuesto a atenerte a las consecuencias.

Tus pensamientos tienen poder para crear o para destruir. Ya lo leímos en la biblia en Proverbios 23:7. Tu vida es el resultado de tus pensamientos. En otras palabras ya tú tienes todo lo que necesitas para mejorar tu situación.

Hablemos de la fe. La biblia dice claramente en Hebreos 11:6 que sin la fe es imposible agradar a Dios. Esto quiere decir que la fe es muy importante. ¿Pero qué exactamente es la fe? Una definición la encontramos en Hebreos 11:1. Dice:

Es, pues, la fe la certeza de lo que se espera, la convicción de lo que no se ve.

La Traducción en Lenguaje Actual dice:

Confiar en Dios es estar totalmente seguro de que uno va a recibir lo que espera. Es estar convencido de que algo existe, aun cuando no podamos verlo.

Escucha lo que dicen los diccionarios:

Según el diccionario de la Real Academia Española la fe es:

Seguridad, aseveración de que algo es cierto

Otro diccionario dice:

Creencia en algo sin necesidad de que haya sido confirmado por la experiencia o la razón o demostrado por la ciencia.

Algunos sinónimos de fe son:

esperanza, convencimiento, creencia, certidumbre, confianza, crédito, credulidad, convicción

Si prestas atención cuidadosa a estas definiciones, te darás cuenta de que la fe es mucho más que simples palabras— incluye el uso de la imaginación. ¿De qué manera podrías estar convencido de que algo existe aun si no lo puedes ver? La respuesta es porque lo puedes ver en tu mente a través de tu imaginación.

Veamos lo que dice Efesios 3:20 en la Nueva Versión Internacional:

Al que puede hacer muchísimo más que todo lo que podamos imaginarnos o pedir, por el poder que obra eficazmente en nosotros...

Este versículo es claro. Tu imaginación es importante cuando oras. Y lo más hermoso es que dice la biblia que Dios puede darte mucho más de lo que te puedas imaginar.

¿Cómo hubieran podido los hermanos Wright construir el prototipo de lo que hoy es un avión si no lo hubiesen visto primero en la imaginación? ¡Ellos eran simples mecánicos de bicicletas! ¿Cómo hubiera podido Henry Ford construir el primer automóvil de no ser que primero se lo imaginó? Y si nos vamos a la Biblia, ¿cómo hubiera podido José dar instrucciones acerca de lo que deberían hacer con sus huesos si primero no hubiese visto en su imaginación que algún día los israelitas saldrían de Egipto? Es que la fe es más que palabras. Tú tienes que poder ver aquello que esperas aun si no existe.

Si tu deseo sincero es alcanzar la libertad financiera, entonces tienes que usar tu imaginación. No tengas miedo de pensar en grande y de imaginar una vida mejor aquí en la tierra. Te invito a que cierres tus ojos. ¿Cómo te sentirías si no tuvieras ni una sola deuda? ¿Cómo te sentirías si cada mes el dinero te alcanzara para todas tus necesidades y muchos de tus caprichos? ¿Cómo se sentiría ir al supermercado y hacer todas tus compras sin tener que llevar la calculadora para que te alcance el dinero? ¿Cómo se sentiría poder dar ofrendas y donaciones de cuatro dígitos? ¿Verdad que se siente bien? Ese sentimiento es crucial para activar tu fe.

Digamos que hoy oras y le pides a Dios una casa digna para tu familia. Tienes que poder ver en tu mente cómo sería esa casa. Tienes que poder sentir cuán agradecido y feliz estás cuando te entregan las llaves. Tienes que poder sentir tu gozo al dedicar la casa. Cada vez que oras por esa casa, agrégale ese sentimiento de gratitud por lo estás por recibir. En esto consiste la fe. Es mucho más que palabras.

Tu imaginación activa tu fe y hace que tu petición sea real. La forma en que logras que tu fe sea firme y no flaquee es manteniendo tu mirada puesta fijamente en tu objetivo.

Tarea

Haz volar tu imaginación y escribe un párrafo detallando cómo te sentirás cuando vivas libre de deudas y con suficiente dinero para tus necesidades y para compartir con otros.

Lección #6

Piensa como empresario

En la lección anterior hablamos acerca de la imaginación. Te recordé que los grandes inventos empezaron en la imaginación. De seguro que cuando estos inventores se acercaban a sus amigos para contarles acerca de lo que habían concebido en sus mentes, muchos los desanimaron y les dijeron que estaban locos. Aun así insistieron y por eso hoy tenemos vidas mucho más cómodas que hace escasos 50 años. Quizás estés pensando en inventos grandes y complicados como el horno microondas o el televisor de pantalla plana plasma. Pero muchas personas comunes y corrientes como tú usaron su imaginación para resolver pequeños problemas y al hacer esto lograron inventar artículos sencillos que ahora son de uso común. Sólo basta caminar por los pasillos del supermercado y verás toda clase de aparatitos que facilitan la vida. Me refiero al estuche para celular, la almohada con radio incorporada, el abrigo con audífonos en la capucha, etc. ¿Ves mi punto? Las personas que crearon estos artículos estaban tratando de resolver un problemita y terminaron facilitándonos la vida y ganando ellos dinero por sus ideas.

Pues te invito a empezar a pensar como empresario. ¿Cuál es la definición de empresario? Según wordreference.com:

Un empresario es una persona que inicia su propio negocio especialmente luego de haber visto una oportunidad remuneradora.

En cierta ocasión estaba en un salón de belleza. La joven que me atendía era muy buena. Le pregunté si alguna vez había pensado en poner su propio salón. Su respuesta me sorprendió. Me dijo que no, porque ella no estaba interesada en enredarse la vida. No comenté más, pero me dejó pensando. Todos sabemos que las dependientes en la mayoría de los salones de belleza no ganan mucho dinero y trabajan horas largas. ¿Por qué habría alguien de preferir eso a tener libertad? Pero es que la sociedad ha construido una imagen del empresario como una persona sin vida propia que se la pasa trabajando y peleando con empleados mediocres. Déjame decirte que eso no tiene que ser así. Pero para verlo de otra manera hace falta un cambio de paradigma.

Cuando empieces a pensar como empresario, en lugar de ver problemas, verás posibilidades. Empezarás a prestar atención a las quejas a tu alrededor y usarás tu imaginación para crear posibles soluciones. Con el tiempo te darás cuenta de que tienes buenas ideas y te preguntarás, ¿por qué no vendo este concepto? ¿Por qué no arreglo esto? Por ejemplo, piensa en estos problemas y cómo podrías solucionar cada uno:

- Las personas en tu lugar de trabajo siempre se quejan de que no hay buena comida en la fonda de la esquina.
- No encuentras un acondicionador que funcione con tu cabello.
- Constantemente pierdes tus llaves del carro.
- Siempre olvidas tus paraguas en los lugares adonde fuiste.

Para cada situación que te mencioné tienes dos opciones: quejarte o buscar una solución. Un empresario busca soluciones y esas soluciones le resultan lucrativas. Basta con mirar a tu alrededor, prestar atención a los problemas y a las quejas de los demás, y encontrarás cientos de oportunidades de negocio. Eso es lo que significa pensar como empresario.

Con esto no me refiero a que tienes que ir a alquilar un local y comprar maquinaria y contratar gente. Si eso es lo que quieres hacer, pues bien por ti. Pero puedes empezar trabajando en tu casa con los recursos que tienes o puedes vender tus ideas a otras compañías. La cosa es que empieces a buscar y proponer soluciones y que pongas tus ideas a ganar dinero.

Si prestaste atención a las primeras tres lecciones, ya sabes que este dinero no es para ir a gastárselo comprando papitas. Recuerda que tú le debes decir a tu dinero hacia dónde ir. Tú gobiernas sobre de tu dinero.

Este paso, de pensar como empresario, requiere de un cambio serio de paradigma. Cuando enfrentamos dificultades económicas, la tendencia natural es empezar a vernos como víctimas. Nos resulta reconfortante asignarle la culpa a alguien o a algo externo. Llámese gobierno, jefe, Dios. Pero esto muy pocas veces trae resultados positivos.

Nuestros paradigmas no son más que una multitud de hábitos que hemos heredado de otras personas. Estos hábitos influyen sobre tu salud, tu felicidad, tu éxito y tus relaciones. Ya debes haber empezado a identificar los hábitos financieros destructivos que has desarrollado a través de los años. Si has sido sincero contigo mismo, debes haber podido reconocer que todos estos hábitos influyen sobre tu forma de pensar. Si al escuchar esta lección sobre pensar como empresario has sentido que eso no es para ti o que nunca podrías inventar nada o que te iría mal de empresario, vuelve a escuchar la primera lección y rectifica tus pensamientos de derrota.

Yo se que la idea de inventar algo puede parecer intimidante. Pero estoy casi segura que alguna vez fuiste a una tienda y viste algún artefacto tonto y pensaste "yo pude haber inventado esto". ¡Y pensar que alguien se volvió rico vendiendo esa idea! Entonces, si otro lo pudo hacer, te aseguro que tú también puedes.

De ahora en adelante, presta atención a lo que ocurre a tu alrededor. Presta atención a las quejas de las personas y pronto te llegarán pensamientos con ideas originales. Eso sí, debes actuar inmediatamente porque créeme que hay otros que también están prestando atención y esperando.

Tarea

1. *Averigua qué tipo de empresas compran ideas para inventos y productos nuevos.*
2. *¿Cómo te sentirías si algún día inventaras algo? ¿Con quién compartirías tu idea? ¿Qué te diría esa persona?*

Lección #7

Da lo mejor de ti

La biblia dice en Gálatas 6:7... *todo lo que el hombre sembrare, eso también segará.*

Estoy segura que has escuchado este versículo muchas veces. Por lo general se usa para condenar a los pecadores, pero hoy es necesario verlo desde otro punto de vista. Y para lograr esto tengo que ser radicalmente sincera contigo: estás como estás porque eres como eres. Eso es lo que dice Gálatas 6:7, es una ley universal de la vida y es un concepto bíblico.

Si quieres abundancia, tienes que cambiar tu forma de pensar, tu forma de dar, tu forma de actuar. Muchas personas no tienen problemas cambiando las primeras dos, pero cuando llegamos a la parte de la actitud, hay resistencia y esa resistencia se debe a que pocos están dispuestos a aceptar que están cosechando justamente lo que sembraron. Siempre es más fácil echarles la culpa a otros.

Hablemos de un aspecto importante— el trabajo.

Esto es lo que hace la mayoría de las personas día tras día:

Llegan tarde al trabajo alegando que había mucho tráfico. Luego encienden la computadora y revisan su correo personal y su cuenta de Facebook o Twitter. Seguidamente les da hambre así que buscan la reglamentaria taza de café. Ya han pasado unos 20 minutos y no han empezado a trabajar aun. Cuando finalmente empiezan los deberes del día, se ven interrumpidos constantemente por compañeros que quieren contarles algo o venderles algo. Pronto llega la hora del almuerzo y sin haber progresado en los quehaceres, se van a almorzar y por supuesto, se toman más tiempo de la cuenta. Cuando finalmente regresan a su puesto, están agotados de tanto perder el tiempo así que pierden unas horitas más. Miran el reloj con desesperación porque el día es interminable. 15 minutos antes de la salida empiezan a acomodar las cosas para retirarse a la hora en punto porque "no le regalaré ni un minuto a esta estúpida empresa".

Le agrego a este ejemplo los miles de trabajadores que maltratan a los clientes con palabras cortantes y gestos groseros, los que no resuelven los problemas del cliente simplemente porque no les interesa y los que ofrecen un servicio mediocre.

No estoy exagerando. Así sucede todos los días en muchas empresas alrededor del mundo. Lo triste es que estos empleados creen que estas malas actitudes están justificadas. Sinceramente creen que el hecho de que no tienen un buen salario, el horario es desagradable o el jefe es mala gente justifica esa pésima actitud.

En Jeremías 29:7, encontramos un consejo poderoso dado a los israelitas que habían sido deportados. La Nueva Versión Internacional dice:

...busquen el bienestar de la ciudad adonde los he deportado, y pidan al Señor por ella, porque el bienestar de ustedes depende del bienestar de la ciudad

Aplicando este versículo a tu realidad podríamos decir: busca el bienestar y la prosperidad de la empresa donde trabajas y ora por ella, porque tu bienestar y tu prosperidad dependen del bienestar y la prosperidad de la empresa donde trabajas. Esto significa que si la empresa prospera, tú prosperas. Cuando tienes una mala actitud en el trabajo o cuando ofreces un servicio mediocre a la larga te estás haciendo daño a ti mismo.

Digamos que la empresa en la que trabajas ofrece un servicio X. Si tu rendimiento es tan malo que los clientes deciden irse con la competencia, tú pierdes. Mientras menos clientes tenga la empresa, menos posibilidades de progreso hay para ti. ¿Y qué tal aquellos que trabajan en entidades gubernamentales? El principio es el mismo.

Tú estás escuchando estas grabaciones porque quieres alcanzar la libertad financiera. Eso es lo que estás pidiendo. Recuerda que todo tiene un costo en esta vida. ¿Qué estás dispuesto a dar a cambio de esa abundancia y esa libertad económica? Y no, no me refiero a donaciones.

En realidad no trabajas para tu jefe, trabajas para ti. Tú eres tu jefe. Si la empresa fuera tuya, ¿le darías un aumento a un empleado como tú o lo despedirías?

Eclesiastés 9:10 aconseja que:

Todo lo que te viniere a la mano para hacer, hazlo según tus fuerzas...

A ti no te debe afectar si el tipo en el cubículo de al lado pasa todo el día chateando ni te debe incumbir si la señora del otro lado se la pasa chismorreando sobre la vida de todo el mundo. A ti lo que debe importar es tu propio rendimiento. Tu mediocridad deliberada es uno de los mayores obstáculos para alcanzar tu libertad financiera.

2 Tesalonicenses 3:10 dice... *Si alguno no quiere trabajar, tampoco coma.*

Hay miles de personas que llegan todos los días a sus lugares de trabajo pero no trabajan. Dice la biblia que el que tiene esta actitud no debe comer. Si analizas esto más a fondo, verás lo que te he estado diciendo. Si tú vas a ser de aquellos empleados que no hacen ni el mínimo esfuerzo pues sencillamente no te va a alcanzar el dinero. Así es la vida.

Entonces ¿qué hay con esa queja popular de que en el trabajo no te motivan? Pues tienes dos opciones: búscate otro trabajo que sí te motive o motívate tú mismo.

Según el diccionario de la Real Academia Española la motivación es un *ensayo mental preparatorio de una acción para animarse a ejecutarla con interés y diligencia.*

La idea popular de que otra persona tiene que motivarte es un engaño. Tú eres el dueño de tus pensamientos y tus emociones. Tú eres tu jefe. Si lo que te hace falta es motivación, pues hazlo—motívate.

Este asunto de dar lo mejor de ti, es extremadamente importante. Si has estado fallando en esto, te invito a que hoy mismo hagas los cambios necesarios. Tu esfuerzo será recompensado. Ya lo verás.

Tarea

1. Elabora una lista de todo lo que te impide dar lo mejor de ti en tu lugar de trabajo

2. Analiza tu lista para encontrar cuáles aspectos de los que anotaste son responsabilidad tuya.

3. ¿Qué sucedería si durante una semana entera de dedicaras a ser el mejor empleado de tu empresa?

Lección 8

Aprende a agradecer

Cuando aprendas a pensar más allá de tus propios deseos y necesidades, removerás los últimos obstáculos que han estado bloqueando tu prosperidad porque te darás cuenta de que hemos sido puestos sobre esta tierra para un propósito. No importa cuán patética sea tu vida en este momento, si empiezas a apreciar lo que tienes a tu alrededor, las cosas cambiarán.

Vivimos en una era en que el ser humano se ha vuelto egoísta y malagradecido. La palabrita mágica "gracias" parece estar fuera de moda porque muy pocos la usan. A la gente se le ha olvidado que la gratitud tiene el poder para abrir puertas.

No nos debe sorprender, la biblia ya había predicho que la ingratitud estaría a la orden del día para estos tiempos. Escucha lo que dice 2 Timoteo 3:2

...Porque habrá hombres amadores de sí mismos, avaros, vanagloriosos, soberbios, blasfemos, desobedientes a los padres, <u>ingratos</u>, impíos...

¡Qué lástima que la ingratitud esté a la par de la avaricia, la soberbia, la blasfemia y la desobediencia! Pero así es. Conozco varias historias reales de personas que perdieron oportunidades de empleo y de negocios grandes porque no supieron decir gracias.

El asunto es que ha llegado tu momento para agradecer. Agradece por tu familia, por tu trabajo, por tu pareja, por tu casa, aunque no sean perfectos. De esta manera cambiarás el enfoque de lo que te falta hacia lo que quisieras ver. ¿Cómo? Es sencillo. Haz la prueba. Pasa los siguientes 10 segundos pensando en todo lo que va mal en tu vida. … … … … … … … ¿Cómo te sentiste? Ahora pasa los siguientes 10 segundos agradeciendo por cada cosa que tienes… … … … … … … ¿Qué sientes ahora? Lo más probable es que al quejarte te sentiste molesto y frustrado y al agradecer sentiste paz. ¿Con cuál de estos dos sentimientos prefieres vivir?

Necesitas empezar a entrenar tu mente para que se acostumbre a entretener pensamientos de gratitud. Para lograr esto te propongo que empieces a llevar un diario de agradecimiento. Compra un cuadernito bonito y cada día escribe cinco cosas por las cuales agradeces. Lo ideal sería hacer esto al final del día. La regla más importante es que si ya has escrito algo, no lo puedes volver a mencionar. Cada día tienes que encontrar cinco cosas nuevas por las cuales agradecer. Asegúrate de escribir la fecha de cada día.

Diariamente ocurren una infinidad de cosas buenas que pasan desapercibidas porque estamos muy enfocados en todo lo que está saliendo mal. La biblia advierte sobre este mal hábito. Filipenses 4:8 dice:

...todo lo honesto, todo lo justo, todo lo puro, todo lo amable, todo lo que es de buen nombre; si hay virtud alguna, si algo digno de alabanza, en esto pensad.

Tu Creador sabe que cuando inviertes tu energía pensando en cosas agradables, tu vida mejora. No podrás cambiar lo que ocurre a tu alrededor, pero sí tienes el poder para cambiar tu reacción ante esas situaciones. Decide que vivirás a otro nivel.

En el momento en que te percates de cuán poderosos son tus pensamientos y tus acciones, empezarás a mirar a tu alrededor con nuevos ojos. Recuerda que Proverbios 18:21 dice que:

La muerte y la vida están en poder de la lengua

Con tu lengua puedes mejorar o empeorar tu situación. Te toca entonces hacer algunas evaluaciones acerca de las personas que te rodean porque será difícil mantenerte agradecido si las personas con quienes conversas regularmente son quejonas o si tu programa favorito de televisión es las noticias de las 6. Pesa en balanza y decide con qué o quiénes te quedarás y qué o quiénes eliminarás de tu menú diario.

Tómate el tiempo para analizar a las personas con quienes pasas la mayor parte del tiempo: ¿apoyan tus decisiones? ¿Sientes que te aceptan tal cual eres? Después de conversar con estas personas, ¿tiendes a sentirte reavivado?

A menudo permanecemos en relaciones infructuosas y hasta nocivas por costumbre o porque nos da pena romperlas. Pero si tú realmente estás buscando la libertad financiera, necesitas empezar a pensar y actuar a otro nivel y lastimosamente esto a veces implica separarnos de las relaciones que no nos convienen.

No permitas que la forma de pensar y actuar de las demás personas influya sobre tus opiniones. Si prestas atención a lo que ocurre a tu alrededor, son raras las ocasiones en que la mayoría tiene la razón. Por lo tanto si en realidad quieres salir adelante tienes que dejar de ser otro del montón y esto se logra tomando decisiones no populares y adoptando un estilo de vida poco común.

Esto quiere decir que cuando todo el mundo se está quejando porque otra vez es lunes, tú agradeces porque has vivido para ver el inicio de una nueva semana. Cuando todos se están quejando porque detestan su trabajo, tú agradeces porque tú sí tienes trabajo en un país en donde hay miles de desempleados. Piensa, ¿prefieres no volver a ver otro lunes? ¿Te resultaría más cómodo si te botan de tu trabajo?

Cuando hagas el cambio, tu actitud no será común y habrá alguno que se burlará y te criticará, pero tú necesitas mantener tus ojos fijos en tu meta. Analiza lo que dijo el sabio Salomón en Proverbios 4:23:

Sobre toda cosa guardada, guarda tu corazón; Porque de él mana la vida.

De niña cantábamos una cancioncita que decía: cuidadito mis ojitos los que veis, cuidadito mis oídos lo que oís, cuidadito mi boquita lo que habláis... Este sigue siendo un consejo válido, no porque quiero evitar enojar a Dios, sino porque debo guardar que nada insensato afecte mi corazón y mi mente. La ingratitud endurece el corazón y obstaculiza la prosperidad.

Tarea

1. *Empieza hoy mismo a escribir en tu diario de gratitud.*
2. *Piensa en cinco personas a quienes necesitas agradecer por algo que hayan hecho por ti y llámalos o envíales un correo electrónico de agradecimiento.*

Lección 9

Ama

Se habla tanto acerca del amor que ya la palabra en sí ha dejado de tener impacto. Con la misma cantidad de pasión con la que decimos que amamos a nuestra familia, decimos que amamos el pollo frito. Además aprendemos desde temprano que algunas de las personas que dicen amarnos nos hieren. Pero hoy te quiero proponer que empieces a ver el amor desde un nuevo punto de vista; te propongo que veas el amor como un estilo de vida.

Amar es mucho más que dar besitos y abrazos. Es mucho más que conmoverse con cada desastre natural y dar donaciones. Va más allá del sentimiento natural que tenemos hacia nuestros familiares y amigos. El estilo de vida de amor es una aceptación total de ti mismo y de todos los demás seres humanos—ya sea que los conozcas o no. Es que es muy fácil amar a las personas que nos aman, pero el amor se pone a prueba cuando puedes mirar a un completo extraño y sentir amor por esa persona.

Tengamos algo claro; no me estoy refiriendo al enamoramiento ni a la lujuria. Estoy hablando del sentimiento de amor puro basado en la aceptación y el respeto incondicional a todo ser humano.

¿Qué tiene esto que ver con finanzas? Déjame explicarte. Tú has tomado la decisión de mejorar tus finanzas. Ya te habrás dado cuenta de que este curso está basado en un cambio de paradigmas. Los paradigmas no son más que una multitud de hábitos. Algunos de estos hábitos son heredados, otros vienen con la cultura, la afiliación religiosa o la experiencia.

Por ejemplo: es posible que todos los días al despertar tu rutina sea la misma. Te das una ducha, te cepillas los dientes, luego te alistas para el trabajo, sales de casa, compras el desayuno en la fonda de la esquina, etc. Esos son tus hábitos—las actividades que realizas todos los días sin pensar. Dentro de esa rutina tienes ahora que integrar deliberadamente todo lo que has aprendido, incluyendo amar a las personas que te rodean.

Lo que has tenido que hacer en este curso es cambiar tu forma de pensar; renovar tu mente en todos los aspectos. En la mayoría de los casos, las personas se convierten en esclavos de sus hábitos. Aunque nos demos cuenta de que algunos hábitos son inconvenientes, cuesta hacer cambios porque los hábitos tienen la tendencia a regir nuestra forma de ser. Pero el cambio ocurre cuando recuerdas que tú controlas tus hábitos. Tú puedes deshacerte de un mal hábito y puedes iniciar uno nuevo. Te invito a que empieces el hábito de amar.

Ya que has tomado la iniciativa de mejorar tus finanzas, te tocará re-evaluar la importancia que le das al amor en tu vida. Es necesario que aprendas a operar desde una plataforma de amor puro e incondicional.

Juan 13:35 dice que:

En esto conocerán todos que sois mis discípulos, si tuviereis amor los unos con los otros.

Los que son llamados por su nombre, tienen que vivir otro estilo de vida. Y no puede estar basado solo en palabras. Tiene que evidenciarse la diferencia en todo lo que hagan.

Esto de amar no es fácil y no es común. La sociedad está diseñada para promover el egoísmo, el clasismo y el prejuicio. Atreverse a nadar en contra de la corriente puede atraer críticas y rechazo porque estarás desafiando la norma. Persiste. El amor es una decisión, no un sentimiento. Si esperas hasta sentirte amoroso nunca darás el primer paso. Esto es mucho más que palabras, ya te dije, es un estilo de vida.

Cuando empieces a operar desde la perspectiva del amor, ya no tendrás tiempo para chismes, no le gritarás barbaridades al conductor que se te atravesó, dejarás a un lado la hipocresía, dejarás de usar el tiempo en el trabajo para hacer diligencias personales, aceptarás a tu pareja tal cual es, hablarás con tus hijos con un tono de voz más agradable, empezarás a decir "por favor" y "gracias", tratarás mejor a las personas que entran en contacto contigo, en fin, los cambios serán muchos y serán visibles y prácticos.

Oprah Winfrey, la mujer más adinera y de mayor influencia en el mundo relata que cuando llegó a Chicago por primera vez para iniciar su carrera, confrontó algunos percances económicos bochornosos. En cierta ocasión estaba en la caja de un supermercado local con un carrito lleno de comida, cruzando los dedos para que su tarjeta tuviera suficiente crédito disponible para cubrir sus compras. Pero lastimosamente ya se había excedido de su límite. La cajera inmediatamente sacó un enorme par de tijeras de su gaveta y cortó en dos la tarjeta de crédito de la aun desconocida Oprah Winfrey. Luego con mucha arrogancia le ordenó a que volviera a ubicar cada artículo en su respectivo estante. Oprah cuenta que hasta el día de hoy recuerda esa experiencia humillante.

Imagínate, hoy día Oprah Winfrey es conocida y amada a nivel mundial y tiene suficiente dinero para comprar esa cadena de supermercados. ¿Y esa cajera? Pues, quizás nunca sabremos. Lo cierto es que ella tuvo dos opciones: avergonzar o amar. Ella escogió avergonzar y esa actitud siempre tiene su recompensa.

Todos los días, tú tendrás que tomar decisiones similares. Verás a otro ser humano creado a la imagen y semejanza de Dios y tendrás pocos instantes para escoger cuál será tu actitud. No necesitas ser sociólogo para saber qué haría la mayoría. Pero ya hemos establecido que tú no puedes ser otro del montón. Por lo tanto tienes que decidir vivir a otro nivel y permitir que el amor puro dirija tus acciones.

Déjame decirte cómo:

1. Empieza cada día agradeciendo a Dios por todo lo que te ha dado, especialmente el aliento de vida. Agradece también por un día nuevo para amar y ser amado.
2. Al realizar tu rutina diaria, presta atención a todo lo que tienes y disfrútalo. Deléitate en el agua que usas para bañarte, en la fragancia del jabón, en la suavidad de la toalla....en todo.
3. Mírate al espejo y siéntete orgulloso de quién eres. No permitas que ningún pensamiento negativo acerca de ti mismo entre a tu mente mientras observas tu cara.

4. En el camino hacia el trabajo disfruta del paisaje. Presta atención a las personas, los automóviles, las plantas...todo.

5. Ahora entra a tu lugar de trabajo con una sonrisa y la plena seguridad de que tú puedes lidiar con todo lo que se te presente.

Las cosas mejoran cuando operas desde una perspectiva de amor. Pero para poder amar a perfectos extraños, primero tienes que amarte a ti mismo. Es cierto que quizás no hayas logrado todo lo que te propusiste el 31 de diciembre del año pasado, pero castigarte no logra nada. Acepta que has fallado, perdónate por haber fallado y sigue adelante.

Hace un tiempo conversé con un señor que vive atormentado por diferentes decisiones que tomó en su pasado. Le pregunté si creía que Dios lo había perdonado. Inmediatamente dijo que sí, estaba seguro del perdón de Dios. Entonces le pregunté si él se había perdonado. Bajó la cabeza y dijo "Eso no. nunca podré perdonarme a mí mismo." Lamentablemente hay miles de personas igual que este pobre hombre que no se han dado cuenta de que los problemas que están enfrentando tienen muy poco que ver con el gobierno, el tráfico o el alto costo de la vida. El problema está en que si no somos capaces de amarnos y perdonarnos a nosotros mismos, será difícil amar a los demás.

Tarea

Hoy mírate al espejo y di: (llena el espacio con tu nombre y completa la oración con tu realidad)

"_____, *te perdono por...*"

"_____, *estoy orgulloso de ti porque...*"

Lección 10

Ora

Suena sencillo, pero en realidad es el paso en el que la mayor cantidad de personas falla. Sucede que por lo general nuestras oraciones son repeticiones tontas que ni tienen sentido ni tienen poder. Simplemente decimos las cosas por decirlas o porque así nos enseñaron de pequeños o porque lo leímos en un libro. Pero en esta lección quiero convencerte que a tu alcance está una fuente inagotable de poder.

¿Qué es la oración? El diccionario de la Real Academia Española dice que oración es

Elevación de la mente a Dios para alabarlo o pedirle mercedes.

Me encanta esta definición porque la oración es mucho más que palabras. Siempre he dicho que la oración debe ser en vivo y a colores.

La oración tiene poder. Todos hemos escuchado algún testimonio de alguien que estuvo en problemas y oró y recibió un milagro. Pero la percepción común es que eso sólo funciona para algunas personas. Así que la mayoría prefiere buscar ayuda de amigos, vecinos y políticos en lugar de pedirle a Dios.

Luego está el grupo que piensa que Dios solamente responde las oraciones de ciertos temas y que hay que "ganarse" el derecho a orar. Déjame decirte que a Dios le interesan todos los temas que tienen que ver contigo. Además ninguno de nosotros, por buenos que seamos, nos podríamos ganar el derecho a orar o a recibir de Dios. Tenemos este derecho por que Cristo nos lo compró con su sangre y es debido a esa misma sangre que Hebreos 4:16 dice:

Acerquémonos, pues, confiadamente al trono de la gracia, para alcanzar misericordia y hallar gracia para el oportuno socorro.

Al orar tienes que llegar con confianza y con la plena seguridad que tu oración será escuchada y contestada. No te alteres tratando de buscar las palabritas correctas, ni te preocupes por arrodillarte en la posición que denote mayor santidad. Simplemente acércate y habla de corazón porque la sangre de Cristo compró para ti ese derecho.

La oración no debe ser el último recurso, ni lo que se hace cuando ya no quedan opciones. Debe ser lo primero. Cuando recibes tu pago, en lugar de quejarte porque es muy poco y detestas tu trabajo, ora agradeciendo porque tú sí tienes un ingreso. Cuando llegan las cuentas por pagar, en lugar de enojarte y quejarte, ora agradeciendo porque tú sí tienes acceso a la electricidad y al agua. Hay muchos alrededor del mundo que no cuentan con esos lujos.

La gente siempre pregunta cuántas veces hay que orar por la misma cosa antes de que Dios actúe. Te daré mi opinión: con una sola vez basta. Déjame explicar. Imaginemos que tu hijo necesita unos lápices de colores nuevos para mañana y se acerca para pedírtelos. Decides que dentro de un rato irás a la tienda a comprárselo porque quieres que tu hijo saque buenas notas en la escuela. Tu hijo sabe, por experiencia, que siempre le compras todo lo que necesita para la escuela. Pero cinco minutos más tarde se aparece de nuevo y te avisa que necesita lápices de colores para mañana. Pasan 10 minutos más y nuevamente llega tu hijo a avisarte que necesita lápices de colores para mañana. ¿Qué pensarías de ese hijo? Parece que no confía en ti, ¿verdad?

Cuando la biblia nos invita a orar sin cesar, no se refiere a que oremos por las mismas cosas cada vez, sino que oremos por todo y en todo momento. Entonces, ¿cuántas veces necesitas orar por la misma cosa? Basta una sola vez. Pero tienes que asegurarte de agregarle el ingrediente especial de la fe. Es que si oras usando todas las palabras elocuentes del mundo y no tienes fe, es por gusto. Por eso tu oración tiene que ser en vivo y a colores.

Si estás pidiendo por tus cuentas, un mejor trabajo, tu salud, tus estudios, lo que sea, tienes que poder ver en tu mente la respuesta a esa oración mientras oras. Eso es la fe. Sabes que tu Padre celestial te ama y quiere suplir tus necesidades aun más de lo que tú estás dispuesto a suplir las necesidades de tu hijo, sabes que Él no se gloría en tu miseria, sabes que es la voluntad de Dios que estés sano y que prosperes, sabes que Cristo entregó su vida para darte una buena vida, sabes que Dios sigue haciendo milagros, entonces pide y espera con la plena seguridad que Él contestará. Te lo aseguro.

www.ingramcontent.com/pod-product-compliance
Lightning Source LLC
Chambersburg PA
CBHW081051170526
45158CB00006B/1937